FÚTBOL MUNDIAL ESPAÑA

Explora el Mundo a Través del Fútbol

Ethan Zohn & David Rosenberg

Ilustrado por Chad Thompson

AGRADECIMIENTOS

Ethan le gustaría dedicar este libro a las estrellas del fútbol futuro de la familia Zohn: Ava, Adin, Oliver, Isaiah, y Zoe; Jenna Morasco por todo su amor y lealtad; mi mamá impresionante, Rochelle, por su aliento y enseñarme a ser un escritor creativo; Lenard y Lee Zohn por ser los mejores hermanos siempre; y David Rosenberg por su experiencia, orientación, y hacer posible este libro. Para Nomad Press por todo su apoyo; todo el personal, voluntarios, pasantes, y estudiantes de Grassroot Soccer; ya todos los guerreros desinteresada por ahí luchando para poner fin al cáncer.

David agradece a Gael Richard Sydness por compartir con él el país que les ha acogido; a Ellen Harrigan, Karen Marrs, Joseph Serino, Jason Crockett, Dan Puglisi, Michael Reza, Marius Bratoiu, y Rebecca Sinclair; Robert y Tonelero Ulrich, Vereda Carlson, y Jon y Lisa Seda por abrirle sus corazones; y a Scott Elrod y a Esteras Christeen por sus pequeños actos de remarcable bondad. El libro no existiría sin el asombroso espíritu de Ethan, y el amor de mi esposa Suzanne Kent. Este libro está dedicado a Andrés, Mark y Deb Greenberg y a la memoria de Harrison James Greenberg, que vivió sus 20 años con gran elegancia.

Nomad Press
Una división de Nomad Communications
10 9 8 7 6 5 4 3 2 1

Impreso por Transcontinental, Interglobe
Beauceville Quebec, Canada
Abril 2011, Deposito Legal# 53023
ISBN: 978-1-936313-74-7

Illustrado por Chad Thompson
Traducido por Gema Mayo-Prada

Cualquier pregunta en relación con este libro debe ser dirigida a:
Independent Publishers Group
814 N. Franklin St.
Chicago, IL 60610
www.ipgbook.com

Nomad Press
2456 Christian St.
White River Junction, VT 05001
www.nomadpress.net

INTRODUCCÍON
Conoce a Ethan

1

Glosario ● Índice

CONOCE A ETHAN

¿QUIÉN ESTÁ PREPARADO PARA UNA AVENTURA EMOCIONANTE?

Soy Ethan Zohn y el futbol ha sido mi pasión desde que tenía 6 años. He sido un jugador de futbol profesional y he jugado por todo el mundo. Jugué algunos de mis partidos favoritos en Sudáfrica, Argentina, Canadá y Australia.

El futbol es un deporte que se juega en la mayoría de los países del mundo, por eso este deporte es como un idioma común que une a las personas. Solamente necesito salir a la calle con un balón de futbol y al instante tendré 20 amigos nuevos.

"En Estados Unidos el fútbol se llama *soccer*."

¿Te gustaría acompañarme en mis aventuras futbolísticas por el mundo? Conoceremos a niños como tú. Ellos compartirán con nosotros su cultura, sus comidas favoritas, lugares que son interesantes. Nos enseñarán algunas palabras en su idioma.

Descubriremos algunos lugares especiales e incluso qué tipo de animales viven en sus países. En el camino, aprenderemos divertidas actividades que podrás hacer en tu clase o en casa.

Así que, ¿A qué estás esperando? Coge tu balón y empecemos el viaje por España.

¡VISÍTAME!

Como eres mi compañero de viaje, puedes ir a mi página web. Podrás ver los lugares que visitamos y hacer más actividades y proyectos en: www.soccerworldadventure.com.

EL ESPÍRITU ESPAÑOL

Nos dirigimos a Barcelona, que es una de las ciudades más importantes de España, en barco. Estoy muy contento por poder compartir esta aventura contigo. Nos dirigimos a un país único cuya selección ganó el Campeonato del Mundo FIFA en Julio de 2010, que se jugó en Sudáfrica.

España se asienta sobre la **península** ibérica al sudoeste de Europa. Tiene una extensión mayor que California. España linda al norte con Francia, y Andorra, y al oeste con Portugal. España tiene 50 **provincias**, el mismo número de estados que tenemos en Estados Unidos.

Al estar rodeada por mar se convirtió en una parada importante cuando los barcos eran el medio de transporte para explorar el mundo. Los **Fenicios** y los Griegos tenían **puertos** en España.

PALABRAS IMPORTANTES

península: porción de tierra rodeada de agua por todas las partes menos por una.

provincia: parte del territorio de un país.

Fenicios: pueblo navegante que exploró el Mar Mediterráneo hace 3,000 años.

puerto: lugar donde los barcos pueden cargar y descargar.

¿Sabías que el territorio español incluye dos archipiélagos? Dos ciudades españolas están en realidad en el norte de África y un pequeño pueblo está en Francia.

Tanto los antiguos romanos antiguos como los norte africanos gobernaron España varias veces. Como resultado, muchos países diferentes han influido en sus **costumbres** y su **cultura**.

PALABRAS IMPORTANTES

costumbres: modo de hacer cosas las cosas que ha sido establecido por la tradición.

cultura: creencias y costumbres de un pueblo.

tradiciones: costumbres trasmitidas a través del tiempo.

democracia: forma de gobierno elegida libremente por el pueblo.

autónomo: independiente.

"Las experiencias que España ha tenido con otras culturas la han hecho una tierra de muchas tradiciones."

Hoy España es una **democracia**. Tiene 17 regiones llamadas comunidades **autónomas**, que tienen sus propias lenguas y celebraciones. El español es la lengua oficial pero además hay cuatro co-lenguas oficiales. Hay otras lenguas que también son reconocidas por el gobierno. Experimentaremos esto cuando viajemos por el país.

EL NOMBRE EN ESPAÑOL

Aprende a decir "Me llamo" en las diferentes lenguas habladas en España.

ARAGONES
Mi clamo [tu nombre]

ASTURIANO
El mio nome ye or
Llámome [tu nombre]

VASCO *
Nire izena [tu nombre] da

GALLEGO *
Chámome [tu nombre]

VALENCIANO *
A mi me diuen [tu nombre]

CATALÁN *
Em dic [tu nombre]

* Lenguas co-oficiales en España

6

En Barcelona, me voy a reunir con mi buen amigo Javier. Su papá fue uno de mis entrenadores de fútbol en la universidad. Él está tan loco por este maravilloso deporte como yo. Javier tiene la suerte de vivir aquí, donde el fútbol es el deporte nacional.

"La Primera División de la liga profesional española se llama La Liga. Es una de las mejores del mundo."

PALABRAS IMPORTANTES

legendario: muy famoso.
esencia: el rasgo más importante.

Los equipos más importantes de España, son el Real Madrid y el fútbol Club Barcelona. Javier me ha insinuado que tal vez podamos ver este partido entre estos dos equipos **legendarios**. Esto sería un sueño hecho realidad.

LA BANDERA ESPAÑOLA

La bandera de España está formada por tres franjas horizontales, roja, amarilla y roja, siendo la amarilla de doble anchura que cada una de las rojas. El escudo real está situado en el lado izquierdo.

Esta bandera fue creada en 1783 cuando el Rey Carlos III convocó un concurso para diseñar una nueva bandera. Él quería que la bandera destacara, ya que en la mayor parte de las otras banderas europeas abundaba el color blanco. Esto hacía muy difícil distinguir las unas de las otras, especialmente en el mar.

Oficialmente, los colores no representan nada. Algunas personas piensan que el rojo representa el valor y amarillo la generosidad.

Javier ha planificado el viaje de su vida. Exploraremos las asombrosas montañas españolas e incluso trataremos de ver a uno de los animales más inusuales de la Tierra. Espero experimentar la **esencia** de cultura española—para divertirme al máximo cada día.

Parece que estamos a punto de atracar. ¡Mejor empiezo a practicar cómo presentarme en todas las lenguas!

LAS COMUNIDADES AUTÓNOMAS ESPAÑOLAS

España está dividida en 17 comunidades autónomas pero cada una tiene su propia administración local y muchas tienen su propia lengua y costumbres. Coge un mapa de España y trata de encontrar cada una de estas comunidades.

1. ANDALUCIA
2. ARAGÓN
3. CANTABRIA
4. CASTILLA-LA MANCHA
5. CASTILLA Y LEÓN
6. CATALUÑA
7. COMUNIDAD VALENCIANA
8. EXTRAMADURA

9. GALICIA
10. ISLAS CANARIAS
11. LA RIOJA
12. MADRID
13. NAVARRA
14. PAÍS VASCO
15. PRINCIPADO DE ASTURIAS
16. REGIÓN DE MURCIA

UNA NUEVA COMUNIDAD

Crea tu muy propia comunidad autónoma semejante a una en España.

1 Inventa un nombre para tu comunidad. Sé creativo. La idea puede venir de donde tú vivas o de tu apellido, o de la clase de animales que te gustan.

2 Dibuja una bandera para tu nueva comunidad. Las estrellas en la bandera americana representan los 50 estados. ¿Qué significan los símbolos en tu bandera?

3 Crea una lengua para tu comunidad. Dale un nombre y decide lo que la hace diferente. Puedes inventar una nueva letra o un sonido diferente para cada palabra o cantar o susurrar tu lengua.

4 Finalmente, escoge tu deporte nacional. Esto puede ser verdadero, como el fútbol o el béisbol, o totalmente tonto—como una carrera de patos de plástico o comer nata montada.

MATERIALES

◊ provisiones de arte
◊ papel maché
◊ un cuaderno
◊ un bolígrafo o un lápiz

BARCELONA Y MÁS ALLÁ

Desde la rampa en el muelle, puedo ver a mi amigo Javier y a su familia. Agitamos la mano en señal de ¡hola! ¡Cuándo finalmente piso tierra firme, me tiemblan las piernas!

Primero uso el saludo español tradicional de dar un beso en ambas mejillas a cada uno de los miembros de la familia. Después, antes de que yo me olvide, saco mi pelota de fútbol para que Javier sea el primero en firmarla. Mi plan es obtener firmas en cualquier parte donde nosotros vayamos como un recuerdo de esta aventura.

"Salir a dar un paseo es cuando la familia y amigos se juntan para caminar tranquilamente por las calles frecuentemente por las tardes"

La agitación de las aguas del mar hizo que el barco haya llegado más de una hora tarde. No me puedo ni imaginar lo que fue explorar está tierra con barcos antiguos hace 2.000 años. Mientras conducimos a casa de Javier, me disculpo por hacer que todo el mundo llegue tarde a cenar.

Javier sonríe abiertamente. Él estaba seguro de que yo sabía que los españoles son famosos por estar despiertos hasta muy tarde. La comida principal del día es el almuerzo. Al final del día toman una cena ligera y después de la cena suelen dar un paseo.

Después de dejar mi equipaje, Javier y yo comenzamos a dar un paseo por La Rambla que es una de las calles más famosas de España.

Me encanta estar entre la gente. Como no hablo español muy bien, utilizo la pelota como medio para hacer amigos, es mi forma de decir hola. La gente siempre me devuelve el pase, con una sonrisa y un saludo con la mano.

Cada parte del paseo por Las Ramblas tiene diferentes tipos de tiendas, de animales de compañía, de alimentos, de flores. Durante el paseo vemos muchas actuaciones en la calle como mimos, músicos, bailarines, y adivinos. Nos paramos delante de una mujer que lee las **Cartas del Tarot**. Ella nos dice que ve un gran partido de fútbol en nuestro futuro. ¡Seguramente la pelota debe habérselo dicho!

PALABRAS IMPORTANTES

Cartas del tarot: cartas especiales que se usan para predecir el futuro.

Finalmente llegamos a La Boquería, uno de los mercados al aire libre más grandes de Europa. Hay mucha comida buenísima. Veo todo tipo de quesos poco comunes, carnes frescas y refrescantes bebidas de frutas.

Mi estómago hace tanto ruido que suena como uno de los tambores que hemos oído en la calle, y no puedo esperar para probarlo todo. ¡Soy un viajero hambriento! Javier me dice que vamos a un restaurante en el que su familia conoce al cocinero.

Según entramos en el comedor, noto un olor delicioso. El cocinero nos invita a pasar a la cocina donde le ayudamos a hacer una paella. Un plato de arroz tradicional que se hace con una especia llamada azafrán y que se sirve en todo el país. Nuestra paella tiene pollo, mariscos, y verduras.

"Cada persona tiene su propia forma de hacer la paella, de la misma forma que tu mamá probablemente tendrá su receta especial para hacer galletas con pepitas de chocolate."

14

Finalmente nos sentamos a comer. Si hubiera estado en casa yo nunca habría probado esta comida. Pero aquí en España, quiero aprovechar cada minuto del día. No quiero lamentarme más tarde por no haber probado alguna comida o por no haber hecho algo especial.

El primer plato es sopa—pero está fría como el hielo. Me da vergüenza decir algo, entonces silenciosamente trato de llamar la atención del camarero. Javier comienza a reírse. ¡La sopa es gazpacho, y se sirve frío! Parece extraño comer sopa fría . . . pero es deliciosa. Cuando llega la paella, la pruebo y el sabor es tan bueno como el aspecto.

"Como dicen en España ¡Buen provecho!"

Mientras comemos, Javier me dice que mañana visitaremos algunos lugares increíbles en Barcelona y que terminaremos el día en el Camp Nou que es estadio de fútbol del Fútbol Club Barcelona.

LAS FIESTAS

Una fiesta es un festival con muchos modos de celebración. La que más me gusta es la de castellers. Varios equipos compiten para ver cuál puede construir la torre humana más grande. Ellos se sostienen unos a otros sobre sus hombros y la torre humana va creciendo. ¡Recuerda, ellos son expertos, no intentes hacer esto en casa!

LOS GITANOS

¿Recuerdas a la persona que nos leyó las cartas del tarot en Las Ramblas? Sus antepasados eran rumanos de la tribu Gitana. Es un pueblo nómada que frecuentemente viaja de un lugar a otro. Hablan el romaní.

Los Gitanos llegaron a España hace 1,000 años procedentes del territorio que es ahora la India y con el tiempo llegaron a Europa. Aunque adivinar el futuro es una de sus tradiciones, la parte más famosa de la cultura Gitana es el baile flamenco y la música flamenca que es una combinación de la música folklórica árabe, mora y judía. El flamenco es famoso por sus ritmos rápidos. Intenta encontrar un vídeo de estos tipos de baile o de música en la Internet.

¡Hoy en día hay muchos Gitanos famosos, desde cantantes y guitarristas flamencos a jugadores de fútbol!

EN EL PASADO Y AHORA

Aprenderé mucho de los diferentes pueblos que han vivido en España por la herencia que han dejado—el arte, los edificios, la literatura y sus costumbres. ¿Si quisieras que alguien en el futuro supiera cómo fue tu vida y tu familia, qué cosas les le dejarías?

1 Pide a cada miembro de tu familia que escoja tres objetos que representen tu vida juntos. Recuerda, estos objetos van a estar en una caja durante muchos años, por lo tanto asegúrate de que es algo que no echarás de menos. Puede ser algo como uno de tus juguetes favoritos o una foto a una caja vacía o el envoltorio de tu comida favorita.

Cada persona tiene que escribir una carta hablando de los objetos. La carta debería describir lo que los objetos representan en tu vida.

 Pon los objetos y cartas en la caja y séllala . En la parte exterior de la caja escribe tu apellido y las palabras "Cápsula del tiempo."

4 Elige una fecha para abrirla—¿ En cinco años? ¿En diez? ¿Cuándo tengas 21 años? Escoge un lugar para guardar la cápsula del tiempo. ¡Puede ser en un armario o, si eres más aventurero, entiérrala en el jardín en la parte de atrás de tu casa!

MATERIALES

◊ objetos para poner en la cápsula del tiempo

◊ papel y un bolígrafo

◊ una caja de plástico o metal que no se estropee estando bajo tierra

La Cápsula Del Tiempo

UN NOU DIA

Javier me despierta temprano para tomar un pequeño desayuno con su familia. Sus padres toman un bollo y café con leche, es decir, café con leche caliente. Nosotros tomamos un panecillo con queso. Es el comienzo perfecto para el día que nos espera explorando los lugares famosos de la ciudad.

P rimero visitaremos el Palau Reial Major y el Musea D'Historia de la Ciutat que son el Palacio Real y el Museo de Historia de Ciudad. El Palacio Real es el lugar donde se piensa que la Reina Isabel, dio la bienvenida a Colón cuando regresó del Nuevo Mundo. Es genial estar de pie en un lugar con tanta historia.

El museo tiene muchas exhibiciones interesantes pero además, tiene enterrado un secreto. Un ascensor con un reloj digital que hace una cuenta atrás en la historia según baja. Finalmente abre sus puertas a un mundo que existió ¡Hace 1.400 años!

Andamos por las ruinas de calles antiguas. Esto es muy divertido. Me pregunto lo que yo habría hecho en estas calles si fuera realmente capaz de viajar en el tiempo. ¿Crees que ya se habría inventado el fútbol?

LOS ARTISTAS ESPAÑOLES

España es la cuna de algunos de los artistas más famosos del mundo: Pablo Picasso, Antoni Gaudí, Salvador Dalí, y Joan Miro fueron españoles. Aquí hay una muestra de una de las pinturas de Dalí.

Después visitamos el Parque Güell. Este gran parque fue diseñado por Antoni Gaudi en el siglo XlX. Parece que estás en un cuento de hadas. Hay animales gigantescos hechos de **cerámica** y un banco serpenteante hecho de **mosaico**. Edificios con columnas torcidas y techos ondulados que me recuerdan castillos de arena. Vemos algunos pájaros llamados periquitos monjes y un colibrí o dos revoloteando.

El parque es tan interesante que casi me olvido de esta tarde. Vamos a ir al Camp Nou, el estadio de fútbol del Barcelona. Este estadio tiene capacidad para más de 99.000 personas, lo que lo convierte en el estadio más grande de Europa.

Mientras visitamos el estadio y la sala de trofeos, Javier me explica la **rivalidad** entre el Barcelona y el Real Madrid. El Barcelona está en Cataluña y el Real Madrid está en la Comunidad de Madrid. Cada área tiene su propia identidad y tradiciones que la hacen estar muy orgullosa de si misma. Por lo tanto, ganar el partido tiene un significado mayor que el simplemente deportivo.

PALABRAS IMPORTANTES

cerámica: algo hecho de arcilla.

mosaico: hecho de pequeños azulejos coloreados o pedazos de cristal.

rivalidad: cuando dos bandos compiten el uno contra el otro.

Dos veces al año millones de aficionados esperan con impaciencia ese partido llamado El Clásico.

El papá de Javier es socio del Futbol Club Barcelona y por esto, podemos comer con algunos antiguos jugadores famosos.

Significa muchísimo para mí poder conocer a todos estos grandes jugadores. De todos modos, en secreto deseo poder ver el partido contra el Madrid que se jugará en dos días, Javier empieza a sonreír. ¡Iremos a ese partido! Estoy tan nervioso que no creo que pueda dormir esta noche.

"¿Puedes pensar en otros dos equipos deportivos que tengan una rivalidad tan fuerte?"

EL SEÑOR DE LA ARENA

Muchos de los materiales que Gaudí y otros arquitectos emplean dependen de materiales sólidos que se mezclan con agua, como el yeso, la cola, el cemento, y la pintura. Esto es debido a la **tensión superficial** ya que a las **moléculas** de agua les gusta permanecer juntas.

¿Recuerdas cuando dije la arquitectura de Gaudí parecía castillos de arena? Este divertido (pero sucio) proyecto de ciencia te ayudará a entender la tensión superficial.

1 Pon el tazón en la lona o en la caja. Llena la taza de medición con la arena y viértela en el tazón.

2 Añade 1 cucharada de agua a la arena y mézclalo. ¿Se forma una masa de arena lo suficientemente compacta para construir un castillo?

MATERIALES

◊ un tazón grande
◊ una caja o una lona
◊ una taza con medidas
◊ arena de la playa o de una tienda de jardinería
◊ una cuchara
◊ agua
◊ una cuchara vieja o una herramienta para mezclar
◊ un cuaderno
◊ un lápiz

Si no, sigue añadiendo cucharadas de agua hasta que la mezcla sea perfecta para construir el edificio. En tu cuaderno apunta lo que observes.

3 Ahora sigue añadiendo agua hasta que la arena se haga más bien barro o un líquido denso.

tensión superficial: es la forma en que las moléculas de un líquido se mantienen juntas y forman la superficie más pequeña.

molécula: la cantidad más pequeña de algo.

Cuanto más seca esté la arena, menos tensión superficial hay. La tensión superficial perfecta se alcanzada cuando el agua se pega a la arena. ¿Cuándo está la arena demasiado seca para mantenerse junta con el agua? ¿Cuál es el punto perfecto para poder hacer castillos de arena? ¿Cuándo se hace tan acuoso que la arena y el agua no se mantienen unidos?

CASTILLO DE GOTAS

Crea tu propio castillo fantástico como los de Gaudí. Una vez que el castillo esté hecho, coge puñados de la arena mojada y apuñándola, deja que gotee en el castillo desde arriba.

LA PASIÓN POR MADRID

Nos despertamos temprano y conducimos a la preciosa estación de tren de Barcelona. Toda la familia de Javier lleva ropa con los colores tradicionales del Fútbol Club Barcelona—azul y granate. Cada equipo tiene dos uniformes de juego: uno con los colores para los partidos en casa y otro diferente para los partidos fuera. Los colores del uniforme para los partidos de fuera pueden cambiar de un año a otro.

Javier quiere que yo también lleve los colores del Barcelona pero a mí me gustan ambos equipos. Así que decido llevar los colores españoles, rojo y amarillo. ¡Javier bromea y dice que aún así se sentará conmigo!

Nos montamos en un tren de AVE, un tren de alta velocidad que nos llevará a Madrid en menos de tres horas. ¡La velocidad máxima que alcanzará será de más de 180 millas por hora! La parte delantera del tren tiene la forma de un pico de pato porque esta forma es aerodinámica.

Javier y yo miramos el paisaje por el que pasamos rápidamente y conversamos sobre cuánto le gusta el colegio. Él me recuerda que Madrid es tanto el nombre de la comunidad como el de la ciudad. Madrid es una de las ciudades más grandes de Europa.

LAS FIESTAS

La fiesta más famosa de Madrid honra al santo patrón de la ciudad, San Isidro. Durante nueve días en mayo, en las fiestas de San Isidro hay corridas de toros y fuegos artificiales. Los madrileños llevan trajes tradicionales.

26

La estación de tren de Madrid tiene muchas sorpresas. Hay jardines interiores y estanques con peces y tortugas. Y la prima mayor de Javier, Sophia, nos está esperando allí. ¡Ella lleva los colores del Real Madrid, blanco y azul! Me alegro de ser **neutral** en este partido.

El estadio Santiago Bernabéu tiene más de 80.000 asientos—tiene mucha historia. Ha albergado finales del Campeonato de la UEFA y de la Copa Mundial FIFA en 1982. Este es donde la Selección Nacional de España juega muchos de sus partidos contra otros países. ¡Por lo tanto creo que puedo decir que el equipo español que ganó la Copa Mundial FIFA en el 2010 ha jugado aquí!

Cuando comienza el partido puedo sentir el entusiasmo en el aire. Estoy feliz por poder animar a los dos equipos.

PALABRAS IMPORTANTES

neutral: no toma partido por ninguna de las opciones.

imita: copia las acciones de algo.

matador: el torero principal en una corrida de toros.

Los equipos pelean por la victoria pero al final el Real Madrid gana 2-1. ¡En broma, Javier me culpa del resultado porque yo no llevaba los colores correctos! Ya que está seguro de que el Barcelona ganará la próxima vez.

"La función del fútbol es unir a la gente para que haga las cosas lo mejor posible."

Durante la cena actúan unos bailarines asombrosos como parte de una cena espectáculo. Un hombre y una mujer bailan el pasodoble. Este baile **imita** los poderosos movimientos de un torero. Por lo general la mujer es el capote y el hombre es el torero. Es muy intenso, y lo peor es cuando la bailarina me da la mano y me pide que suba al escenario y que sea el **matador**.

Todo el mundo en el restaurante me anima. Aunque yo lo haga muy mal, no puedo pensar en una forma mejor de terminar un día increíble. Excepto decir: ¡Olé!

¡SON ELECTRICOS!

Los rapidísimos trenes AVE funcionan con electricidad. Aquí tienes un simple experimento de electricidad para que hagas con un adulto.

1 Pon la palma de tu mano sobre el limón y muévelo hacia adelante y hacia atrás unas cuantas veces para que el limón produzca más zumo.

2 Lava a las monedas a fondo con jabón antibacteriano y agua caliente.

3 Pídele a un adulto que haga un corte a cada lado del limón de modo que las monedas no se toquen. Después coloca una moneda en cada una de las ranuras en el limón.

MATERIALES

◊ un limón
◊ agua caliente
◊ jabón antibacteriano
◊ un cuchillo afilado
◊ una moneda de diez centavos
◊ un penique
◊ un vaso de agua caliente

4 Asegúrate de que tu lengua está húmeda con saliva y—sí, ¡Es correcto!—ponla entre las monedas de modo que cada lado de tu lengua toque una moneda. Sentirás una sensación de cosquilleo. ¡Esto es en realidad una pequeña corriente eléctrica! Aclárate la boca con el agua caliente cuando hayas terminado.

El ácido en el jugo de limón reacciona con los diferentes metales en la moneda de diez centavos y el penique. Uno es el polo positivo y el otro el negativo. ¡Cuándo pones la lengua entre las monedas, completas el circuito y por la tanto la electricidad circula!

LAS FIESTAS

La comunidad de Buñol celebra una fiesta llamada La Tomatina. Te apuesto a que has adivinado que esto tiene que ver con tomates. Pero es más que solamente un festival de tomates. De hecho, es una gran pelea de una hora con tomates. ¡Miles de personas van cada año para lanzarse tomates los unos a los otros!

EN TIERRA EXTRAÑA

La aventura de hoy podría ser una experiencia única. Javier quiere ver un lince ibérico, uno de los animales más inusuales del planeta. Hay menos de 100 vivos, es decir está casi **extinguido**. Esto significa hacer un viaje de cuatro horas por el Parque Nacional en un vehículo todoterreno. "¿Qué pasa si no lo vemos?" pregunta él.

PALABRAS IMPORTANTES

extinguido: cuando una especie animal o vegetal ya no existe.

Hemos hablado de la cultura española y de vivir el momento. Este es uno de esos momentos, porque esta posibilidad puede no volver a pasar otra vez. Si no lo intentamos, definitivamente no veremos el lince.

De camino, paramos en la pequeña ciudad de Palos de la Frontera. Esta es desde la que Colón embarcó hacía el Nuevo Mundo con tres barcos, *la Pinta*, *la Niña* y *la Santa María*. Dos de sus capitanes—los hermanos Pinzón, vivían aquí. Es asombroso pensar cómo la aventura de un explorador cambiaría la historia.

"Es bueno tener sueños. Apunta alto y aspira a todo."

Colón se arriesgó mucho para explorar el mundo. ¿Puedes imaginarte que él no hubiera seguido sus sueños? Javier y yo pretendemos que somos los hermanos que ponen la vela, y que estamos discutiendo sobre qué empaquetar mientras mordisqueamos un dulce típico, el polvorón que es como una galleta hecha de manteca.

PALABRAS IMPORTANTES

Sitio Patrimonio Mundial de la Humanidad: un lugar especial designado por las Naciones Unidas como lugar protegido.

humedales: áreas bajas llenas de agua como las marismas.

hábitat: espacio natural donde vive un animal.

Nos dirigimos hacía el sur al Parque Nacional Doñana. Este **sitio es Patrimonio Mundial de la Humanidad** y el área es un **humedal** protegido. Tiene una extensión de 123.000 acres de marismas, matorrales, y dunas de arena, que son **hábitats** de muchas especies animales.

Nuestro viaje guiado de cuatro horas comienza con un paseo fuera de los caminos del parque. ¡Nuestro guía Luis firma mi pelota y habla bastante inglés para decir "I love soccer, too!" Javier lo traduce al español: "¡A mí También me encanta el fútbol!"

Las horas pasan rápidamente porque vemos todo tipo de animales— flamencos, venados, y jabalíes. Nuestro guía para en un lugar en el que en ocasiones se ha visto al lince.

Nos callamos completamente, sacamos nuestros gemelos y esperamos, y esperamos, y esperamos. Diez minutos se convierten en veinte, todos comenzamos a movernos inquietos . . . y luego Luis nos hace una señal con las manos. Allí, inmóvil en el lugar, hay un lince ibérico con sus orejas con forma de penacho y manchas parecidas a un leopardo. Él nos mira fijamente exactamente como nosotros lo hemos mirado.

"Parece que el lince está diciendo: 'por favor protégeme a mi y a mí y a todos los animales para las futuras generaciones.'"

Unos días más tarde

hacemos otro viaje, esta vez aún más al sur. Para pasar el tiempo en el coche, Javier me reta con una adivinanza. ¿Cómo podemos ir a Gran Bretaña sin salir de España?

¿Recuerdas que te había dicho que hay algunas ciudades españolas en el Norte de África y un pueblo español en Francia? Gibraltar, un peñón en la punta sur de España, es parte de Gran Bretaña. Gibraltar cabría 7 veces en Manhattan, el barrio de Nueva York.

LAS FIESTAS

En Andalucía, hay una fiesta que se llama la Celebración del Río Guadalquivir. Una de las actividades principales es una carrera de caballos por la playa. Es algo espectacular.

El Peñón de Gibraltar es una enorme roca que se eleva abruptamente 1.400 pies (425 metros) por encima del nivel del mar. Cuando llegamos, vemos sus cuevas, fortalezas, y túneles. Javier me promete que también veremos más animales.

El paseo en teleférico al Peñón de Gibraltar es impresionante. Nos bajamos en la estación y nos encontramos cara a cara con monos salvajes sin cola llamados Barbary Macaques. No está permitido tocar que toquemos los animales o los alimentemos pero ellos pueden tocarnos a nosotros.

Mientras miro la vista del océano debajo nuestro, uno de ellos se sube y comienza a jugar con mis rizos. Probablemente piensa que somos hermanos, dice Javier riéndose. Me alegro que él haya sacado una foto así se la podré enseñar a todo el mundo cuando vuelva a casa.

¡QUE FANTÁSTICOS ANIMALES!

Como le ocurre al lince ibérico en España, probablemente en la zona donde tú vives haya animales que estén en peligro de extinción. Como acabamos de visitar una gran roca, podemos aprender cosas sobre estos animales y hacer un proyecto de arte en una roca al mismo tiempo.

MATERIALES

◊ una roca con una superficie lisa
◊ pintura o rotuladores

1 Vete a Internet o a la biblioteca e investiga sobre animales en peligro de extinción en tu estado. También puedes llamar a la organización que cuida de la fauna en tu estado para averiguar que animales están luchando por sobrevivir allí.

2 Escoge un animal para tu proyecto de arte con rocas. Con un rotulador negro o con pintura negra, perfila el animal que escogiste en la roca. Después coloréalo como harías en un libro para colorear.

3 Muéstrale a tu familia y amigos la roca. Háblales del animal que has escogido y su lucha por sobrevivir.

MONTAÑERO NATO

Hoy volamos al norte de España para ver de cerca algunas de las magníficas montañas del país. ¿Sabías que España es el país más montañoso de Europa después de Suiza? Nos dirigimos a la cadena montañosa de los Picos de Europa para hacer una excursión por el Desfiladero del Río Cares.

Este paseo sigue al río Cares y a un canal artificial. Durante parte del camino, hay una caída de 300 pies. ¡Es bueno que no tenga miedo a las alturas!

Parte del camino está tallado directamente en las paredes de las montañas. Pasamos formaciones de roca y sencillas casitas de campo viejas donde los trabajadores que construyeron los canales solían vivir. Incluso hay pequeños túneles con cascadas al otro lado.

¡Después de dos horas llegamos a un largo túnel donde tenemos que usar linternas! Es como si alguien hubiera apagado las luces en medio del día. Le digo a Javier que tenga cuidado de no golpearse la cabeza. ¡Si se golpeara a lo mejor comenzaría a animar al Madrid!

Cuando salimos del desfiladero y llegamos a la ciudad, los padres de Javier están allí esperándonos.

38

Unos días más tarde, me uno a la familia de Javier para hacer un último viaje antes de dejar este hermoso país. Volamos a Islas Canarias. Las siete islas están al sur de España al lado de la costa de África. Para llegar a una de ellas, Tenerife, viajamos en **hidrodeslizador**. Un guía llamado Mateo nos muestra un árbol muy raro. La gente antigua pensaba que su savia tenía propiedades curativas.

Después vemos el asombroso paisaje **volcánico** del Parque Nacional. La roca de lava de este área tiene más de 180.000 años, con extrañas formaciones. Las rocas es un recordatorio del increíble poder de la naturaleza.

"La tierra me hace sentir como si estuviéramos en un planeta diferente."

Esto hace que mi viaje a España me parezca como si hubiera durado solo un momento. Estoy triste por tener que marcharme mañana. Pero decir adiós solamente significa que volveré pronto.

SILBO GOMERO

Mateo es de la isla de La Gomera, famosa por su antigua lengua de silbidos llamada Silbo Gomero. A causa de la geografía y la acústica de la isla, la gente se comunica por silbidos. Los cambios en el tono, la duración, y el volumen crean significados diferentes. ¿Puedes pensar en otra forma de expresión similar a esta? ¡Claro, la música!

Esto me recuerda a nuestra aventura en Sudáfrica y las lenguas que emplean los chasquidos de la lengua. ¡Mateo silba, "¡Ethan, bienvenido a la isla!" Definitivamente voy a practicar mi silbido cuando vuelva a casa.

PALABRAS IMPORTANTES

hidrodeslizador: un barco rápido que pasa rozando la superficie del agua.

volcánico: relativo a la lava que salió de un volcán.

geografía: los accidentes de un lugar, como montañas y ríos.

acústica: la forma en que se transmite el sonido dentro de un espacio.

tono: cómo de alto o bajo es un sonido.

duración: cuánto tiempo dura algo.

volumen: cómo de alto es un sonido.

TE ENCANTARÁ LA LAVA

En este proyecto, vas a hacer un volcán que en realidad eructa "lava." Haz que un adulto lo supervise.

1 Coloca la caja o la bandeja sobre la lona o el periódico. Sujeta la botella encima de la caja o en la bandeja.

2 Mezcla la harina, la sal, el aceite, y el agua haciendo una masa en el tazón. Moldea la masa de sal alrededor de la botella, haciendo la forma de un volcán. Asegúrate que de que no hay masa en la abertura.

3 Utilizando un embudo, llena la botella hasta la mitad con agua caliente. Hecha unas gotitas de colorante alimenticio rojo en el agua. Añade el bicarbonato y el jabón líquido.

MATERIALES

◊ una caja o bandeja de cartón
◊ lona o periódico
◊ una botella de dos litros de soda vacía
◊ 6 tazas de harina
◊ 2 tazas de sal
◊ 4 cucharadas de aceite vegetal
◊ 2 tazas de agua
◊ un tazón y una cuchara
◊ un embudo
◊ agua caliente
◊ colorante alimentario rojo
◊ 2 cucharadas de bicarbonato
◊ unas gotas de jabón líquido
◊ ½ taza de vinagre blanco

4 Ahora ¡La parte divertida! Usando el embudo, añade el vinagre y sepárate. Tu volcán estallará con la lava.

¿Cómo funciona esto? La reacción entre el vinagre y el bicarbonato de sodio crea un gas llamado dióxido de carbono. Cuando el gas aumenta tiene que salir por algún sitio, lo que hace que "la lava" estalle. Esto es lo que pasa con la verdadera lava también.

LAS FIESTAS

Santa Cruz de Tenerife tiene una de las celebraciones de Carnaval más grandes del mundo. Esto es del estilo de Martes de Carnaval en Nueva Orleans. Hay festivales callejeros la gente se disfraza, y mi acontecimiento favorito que es el más tonto de todos: el Entierro de la Sardina. Una sardina gigante hecha de papel maché es paseada por las calles. Todas las personas pretenden afligirse y gritar a lo largo del camino.

UNA DESPEDIDA LARGA

Es la hora de decirle adiós a este fascinante país. He visto animales raros y el lugar donde Colón comenzó su viaje. También he visto el clásico del futbol y he comido gazpacho y paella, Javier me ha dado tantas cosas maravillosas para recordar.

He aprendido tanto sobre este país y la cultura española y lo más importante, he adoptado la idea de disfrutar de cada momento, y me siento unido a una gran familia. Adoptaré esta perspectiva de vida en cada país que visite con *Fútbol Mundial*.

Como en todas mis aventuras, el viaje no estaría completo sin intercambiar regalos. Le doy a Javier una pulsera de cuerda de nuestro último viaje a México, y algo que él no esperaba . . . mi pelota de fútbol firmada.

¿A DÓNDE VAMOS AHORA?

¿Dónde quieres que vayamos a la siguiente aventura de fútbol? Mándame un correo electrónico y comparte conmigo tus ideas a Ethan@soccerworldadventure.com.

"Le pido a Javier que por favor, lleve mi pelota de fútbol firmada con él a cualquier parte donde él vaya, y que se la pase a otros amigos alrededor del mundo."

Javier me da una preciosa guitarra española. Él me dice que era de su padre cuando él era joven, y que yo definitivamente debería practicar mi canto.

Nos abrazamos otra vez y le digo adiós a esta nación de los campeones de la Copa Mundial. Me pregunto dónde será el siguiente lugar donde aterrizaremos.

DEVOLVER EL FAVOR EN ESPAÑA

En cada país que visitamos juntos te desafío a encontrar un proyecto de "cómo devolver un favor". Puedes buscar ideas en Internet y escribirme una carta. Si tus padres lo aprueban puedes intentar conseguir dinero para el proyecto vendiendo dulces que hagas tu mismo, lavando coches o cualquier otra cosa que tú quieras.

Puedes mandarme un correo electrónico y contarme cómo van tus proyectos.

GLOSARIO

acústica: la forma en que se transmite el sonido dentro de un espacio.

autónomo: independiente.

Cartas del tarot: cartas especiales que se usan para predecir el futuro.

cerámica: algo hecho de arcilla.

costumbres: modo de hacer cosas las cosas que ha sido establecido por la tradición.

cultura: creencias y costumbres de un pueblo.

democracia: forma de gobierno elegida libremente por el pueblo.

duración: cuánto tiempo dura algo.

esencia: el rasgo más importante.

extinguido: cuando una especie animal o vegetal ya no existe.

Fenicios: pueblo navegante que exploró el Mar Mediterráneo hace 3,000 años.

geografía: los accidentes de un lugar, como montañas y ríos.

hábitat: espacio natural donde vive un animal.

hidrodeslizador: un barco rápido que pasa rozando la superficie del agua.

humedales: áreas bajas llenas de agua como las marismas.

imita: copia las acciones de algo.

legendario: muy famoso.

matador: el torero principal en una corrida de toros.

molécula: la cantidad más pequeña de algo.

mosaico: hecho de pequeños azulejos coloreados o pedazos de cristal.

neutral: no toma partido por ninguna de las opciones.

península: porción de tierra rodeada de agua por todas las partes menos por una.

provincia: parte del territorio de un país.

puerto: lugar donde los barcos pueden cargar y descargar.

rivalidad: cuando dos bandos compiten el uno contra el otro.

Sitio Patrimonio Mundial de la Humanidad: un lugar especial designado por las Naciones Unidas como lugar protegido.

tensión superficial: es la forma en que las moléculas de un líquido se mantienen juntas y forman la superficie más pequeña.

tono: como de alto o bajo es un sonido.

tradiciones: costumbres trasmitidas a través del tiempo.

volcánico: relativo a la lava que salió de un volcán.

volumen: cómo de alto es un sonido.

ÍNDICE